LES

ISRAÉLITES INDIGÈNES

RÉPONSE

A

LA PÉTITION DE M. DU BOUZET

Ancien Préfet d'Oran

Ancien Commissaire extraordinaire de la République

PAR

C. TAUPIAC

AVOCAT.

> .... Où sont les maux soufferts ?....
> Les libres pieds de l'homme ont oublié les fers,
> Tout l'univers n'est plus qu'une famille unie ;
> Le saint labeur de tous se fond en harmonie.
>
> V. HUGO.

Prix : 50 centimes.

CONSTANTINE
CHEZ L. MARLE, LIBRAIRE
2, rue d'Aumale, 2.

PARIS
CHEZ CHALLAMEL, LIBRAIRE
30, rue des Boulangers, 30.

1871

AVANT-PROPOS.

On lit dans le livre arabe des *Mille et une Nuits*, l'histoire d'un misérable fhkir, qui jeta un jour aux échos de sa montagne ce cri d'ambition insensée : Que ne suis-je le Sultan ! Un de ces *Djins* qui se plaisent aux mystifications envers notre chétive race, passait en ce moment, invisible dans les airs. Il entendit ce souhait outrecuidant, et sa malignité lui suggéra l'idée de l'accomplir. Le pauvre fhkir, transformé tout à coup en potentat, ne fut pas à la hauteur de sa nouvelle situation. Les honneurs le grisèrent, il perdit la tête, et commit en quelques heures tant de folies, que le génie qui lui avait donné le pouvoir suprême, se vit obligé de le lui retirer avant la fin de la journée.

Et le pauvre fhkir revint dans sa cabane et reprit les pénibles travaux des champs. De temps à autre, il méditait sur sa toute-puissance d'un jour, regrettant ses palais construits dans le lit des rivières, sa cour chamarrée et son harem dont le prophète lui-même aurait été jaloux.

Cette histoire étrange semble au lecteur une de ces invraisemblables productions de l'imagination orientale ; et pourtant elle s'est réalisée en pleine année 1870 ; elle vaut la peine d'être racontée.

En ce temps-là, il y avait dans les bureaux du journal le *Temps*, un homme dont les qualités les plus appréciables étaient la modestie et la conscience de sa juste valeur. Sa mission (il n'y a pas de sot métier), était de découper avec une paire de ciseaux, dans les feuilles étrangères, les faits divers qu'il est d'usage de servir aux abonnés, à la troisième page du journal. Satisfait de cette situation modeste mais supportable, il collectionnait ces histoires d'hommes qui tombent d'un cinquième étage sans se faire du mal, de femmes qui accouchent de quatre enfants à la fois, de chattes qui mettent bas des lapereaux, etc., etc. Son ambition n'allait pas au-delà d'une augmentation d'appointements, que lui faisait entrevoir dans un avenir prochain, M. Hébrard, gérant du *Temps*.

Mais un jour, — les affaires d'ici-bas offrent parfois d'étranges revirements ! l'ordre social fut bouleversé de fond en comble. Ceux qui étaient au pouvoir et qui en avaient abusé furent emportés par la volonté du peuple, comme un fétu de paille dans un jour de tempête ; le gouvernement fut remplacé en quelques minutes par un autre gouvernement ; les ministres, les préfets, les maréchaux n'eurent que le temps de gagner la frontière, laissant leurs postes à la merci de cet ouragan populaire. Il fallut remplacer ces fonctionnaires ; dans un moment aussi pressé, on dut prendre les candidats un peu au hasard, on dut, selon le proverbe, *faire flèche de tout bois.* — Quelle étrange succession d'évènements ! Saisi par ce courant imprévu, notre rédacteur du *Temps* (à coups de ciseaux) se trouva tout-à-coup préfet d'Oran.

A peine avait-il pu se reconnaître, qu'il se trouva gouverneur de l'Algérie.

Pourquoi ? Comment ? Nul ne le sait. — Quelles furent les causes de cet évènement qui laisse bien loin derrière lui, ce que l'histoire du *Djin* et du *Fhkir* a d'inouï ? On l'ignore. Le fait est qu'un matin, Son Excellence M. du Bouzet entra dans le palais des Deys d'Alger, ayant la préséance sur les ministres, pouvant s'intituler le plus haut fonctionnaire de France.

Lui qui hier encore découpait avec des ciseaux les histoires invraisemblables que vous savez.

Il s'occupa fort peu d'administrer, — cela, du reste, lui aurait été difficile, — mais en revanche, il intrigua beaucoup pour obtenir le remplacement d'un fonctionnaire qu'il n'aimait pas. Ce remplacement qu'il finit par obtenir constitua son œuvre politique en Algérie.

Une seule pensée venait troubler sa quiétude, il réfléchissait qu'un jour, sa puissance pourrait prendre fin. Plus de palais ! plus d'Excellence ! plus de traitement annuel de 72,000 francs. Cette sinistre pensée troubla tellement son esprit, qu'il se figura qu'une conspiration le menaçait ; il voyait partout des ennemis prêts à le frapper. Un embarras de voitures dans la rue lui causait des terreurs inexprimables, une querelle de porteurs d'eau lui faisait croire à un assaut donné à son palais. Alors il perdit la tête. — Il recruta deux ou trois cents *Biskris* qu'il arma de bâtons et qui constituèrent sa garde du corps, il mit la ville en état de siége et alla jusqu'à dissoudre le conseil municipal.

Irritée par ces tracasseries, la population résolut d'en finir avec ce gouverneur incapable ; elle entra dans le palais, trouva Son Excellence cachée dans une armoire et l'en fit sortir plus vite qu'il n'était entré.

Le paquebot prochain emporta M. du Bouzet vers des rives plus hospitalières où derechef il se mit à découper les faits divers du *Temps* avec une paire de ciseaux.

Mais Son Excellence du Bouzet avait au cœur une vieille rancune. Il se souvint qu'après avoir dissous le conseil municipal d'Alger, son maintien au poste de commissaire extraordinaire avait été subordonné au vote de la population appelée à élire un nouveau conseil. Il avait sollicité vainement les voix des principaux israélites qui les lui avaient refusées pour les donner à M. Vuillermoz. *Inde iræ !*

Voilà l'explication du zèle inattendu avec lequel M. du Bouzet demande le retrait de la naturalisation des juifs. Pure question d'intérêt personnel.

Il nous a paru nécessaire de faire connaître cette situation avant de réfuter les arguments que M. du Bouzet a exposés dans sa pétition à l'Assemblée et qui ne sont que la reproduction de raisons plus ou moins spécieuses fournies bien avant lui.

LES ISRAÉLITES INDIGÈNES.

A leur arrivée dans l'Afrique septentrionale, les Français se sont trouvés en face d'une population indigène, que divisaient la religion, les mœurs, les institutions, l'origine et la race : les Kabyles ou Berbères habitant la partie montagneuse du pays, les bédouins conquérants du sol habitant particulièrement les plaines et d'autres groupes moins importants au point de vue du nombre : nègres à peine sortis de l'esclavage, mozabites venus du désert, et juifs établis depuis des siècles dans les villes du littoral.

Parmi ces diverses races, les unes par leur caractère laborieux, les autres par leurs aptitudes commerciales pouvaient nous être d'un grand secours dans l'œuvre de colonisation que nous avions entreprise ; mais la race arabe proprement dite, encline à la paresse et en proie au fanatisme musulman, devait opposer à nos efforts une force d'inertie qui paralysera éternellement l'assimilation de l'Algérie à la France.

L'étranger qui visite l'Algérie est frappé par l'attitude réfractaire des arabes ; tandis que les kabyles s'emploient dans les chantiers français et se rapprochent chaque jour de notre civilisation, tandis que les mozabites ont adopté nos usages commerciaux et jusqu'à notre tenue des livres, les arabes n'ont pas fait un pas dans la voie du progrès. Tels ils étaient sous Okba, tels ils sont aujourd'hui; rebelles aux efforts de la France qui cherche à les attirer vers l'instruction et la moralisation, ils se sont cantonnés dans leur fanatisme religieux et subissent avec regret notre présence parmi eux.

Les exemples de cette hostilité du peuple arabe à la civilisation ne manquent pas ; nous pourrions citer par centaines les noms des arabes qui, comblés d'honneurs et de bienfaits par l'autorité française, ont saisi avec empressement les occasions de révolte contre leurs bienfaiteurs ; l'insurrection actuelle offre de tristes exemples à l'appui de notre assertion.

N'avons-nous pas vu des jeunes indigènes qui élevés dans des écoles françaises, possédant une instruction relative ont tout à coup cessé toutes relations avec les français pour vivre sous la tente loin des centres européens, et reprendre les coutumes sauvages de leurs corligionnaires? Cette inertie, cette résistance à tout progrès ont prouvé que la colonisation par les arabes est impossible et il a fallu reconnaître que nous ne parviendrons à transformer l'Algérie que par un moyen rigoureux, mais indispensable: le refoulement.

Bien différente a été la conduite des juifs qui ont accueilli avec bonheur la domination française et se sont fait ses auxiliaires les plus dévoués. On a dit que leur intérêt les a poussé dans cette voie; nous sommes prêts à le reconnaître, mais que nous importe? Aurions-nous la prétention de nous concilier l'affection de ceux dont nous combattrons les intérêts? Quoiqu'il en soit, dès le lendemain de notre arrivée, la plupart des juifs indigènes apprirent notre langue, adoptèrent notre costume, nos mœurs et nouèrent avec nous des relations qui, depuis lors, n'ont fait que devenir plus intimes et plus assidues.

Ils envoyèrent leurs enfants dans nos écoles; ils s'associèrent avec des commerçants français; un grand nombre d'entre eux se fit naturaliser. Ils manifestèrent de toutes les façons leur désir d'unir leurs destinées à celles du peuple français qui les avait tiré de l'état d'abaissement où ils gisaient depuis des siècles.

Il n'est pas sans intérêt d'examiner les conditions faites aux juifs algériens par la domination turque. Leur costume devait, sous des peines sévères, différer de celui des Arabes ; il leur était interdit de monter à cheval ; quand ils passaient devant une mosquée, ils devaient porter leur chaussure à la main. Ils étaient, de la part de tous les musulmans, taillables et corvéables à merci. Il arrivait souvent, et par dérision, qu'un Arabe qui rencontrait un juif, sur son chemin, s'en servait comme d'une monture, et si le juif résistait, le bâton en avait raison.

Frappés d'amendes et de réquisitions continuelles, les juifs étaient forcés de dissimuler leur avoir ; ils ne pouvaient posséder de propriétés foncières, car elles auraient fait connaître leurs richesses et attiré sur eux les vexations du beylik..... Il serait trop long d'énumérer les humiliations et les spoliations dont ils étaient journellement victimes.

Aussi regardèrent-ils l'invasion française comme une faveur du ciel ; débarrassés de la tyrannie de leurs oppresseurs séculaires, ils se montrèrent reconnaissants des bienfaits de la France — leur conduite vis à vis de nous n'a mérité que des éloges, et au milieu des récentes épreuves que la patrie a traversées, nous avons eu la satisfaction de voir les juifs faire, pour la défense nationale, des sacrifices considérables en hommes et en argent.

Le gouvernement du 4 septembre prit à leur égard une mesure qui a soulevé des polémiques extrêmement vives ; des arguments, plus ou moins spécieux, ont été produits par les adversaires de la naturalisation en masse. Nous allons examiner quelle est leur valeur ; mais qu'il nous soit permis de faire remarquer, tout d'abord, que le gouvernement de la défense nationale s'il a décrété cette naturalisation, n'en a pas eu l'initiative.

Dès l'année 1869, M. Jules Favre, étant allé plaider à Alger un procès important, reçut la visite de plusieurs délégués israélites qui lui exposèrent leur vœu de devenir français.

Jules Favre leur répondit qu'un décret de naturalisation avait été préparé par le ministère Ollivier et serait promulgué incessamment. Si ce projet n'a pas été réalisé, c'est aux secousses politiques, dont nous venons d'être témoins, qu'il faut l'attribuer.

Les Juifs ont accepté avec empressement le titre de Français, qui leur était dévolu ; est-ce à dire qu'il favorise leurs intérêts, qu'il améliore leur situation? Ce serait une erreur de le croire. Leur nouvelle qualité de Français entraîne la prohibition d'une foule d'avantages qui leur étaient accordés par les lois mosaïques ; d'autre part, elle les astreint à un grand nombre d'obligations qui ne leur étaient pas imposées par la législation rabbinique. La naturalisation les prive du divorce, de la polygamie, à laquelle, il est vrai, ils avaient spontanément renoncé depuis longtemps ; elle les oblige à conclure leurs mariages devant l'état-civil, elle leur impose l'hérédité des filles, elle bouleverse entièrement leur statut personnel. Et cependant pas une protestation ne s'est élevée contre le décret du 24 octobre. Les Juifs de l'Algérie entière se sont conformés sans murmurer à ses prescriptions les plus rigoureuses, parce qu'ils ont vu dans ce décret l'acte magnanime d'un peuple qui élève jusqu'à lui une classe d'hommes avilie par l'ignorance et le fanatisme de ses oppresseurs.

Pendant quelques semaines, les musulmans, loin de leur envier cette qualité de Français, les accusaient d'apostasie. A leurs yeux, les Juifs, en acceptant la législation française, répudiaient l'antique loi de Moïse.

Nous verrons tout à l'heure comment et pourquoi ils se montrèrent plus tard jaloux de cette mesure, qu'ils se garderaient bien d'accepter, quant à eux, si par hasard elle leur était appliquée.

M. du Bouzet accuse les Juifs d'être impropres au métier des armes ; il leur faut, dit-il, trois mois pour apprendre à tirer un coup de fusil sans tomber à la renverse. Ils n'entendront jamais siffler une balle sans prendre la fuite. — Si le journaliste du *Temps* connaissait un peu mieux le pays qu'il a *été censé administrer* pendant quelques semaines, il saurait que plus de six cents juifs se sont engagés comme volontaires dans les corps francs que l'Algérie a envoyé à l'armée des Vosges et qui ont vaillamment combattu sous les ordres de Garibaldi.

Plus récemment, pendant l'expédition de Milah et de l'Oued-Smendou, les Juifs incorporés dans la milice ont accompli consciencieusement leur devoir, et ont su mériter les éloges de leurs chefs.

Les régiments de tirailleurs indigènes comptent dans leur sein un certain nombre de soldats israélites. Dans le courant de la guerre de 1870, ils ont marché bravement au feu, et plusieurs ont été l'objet de récompenses honorifiques.

Mais admettons pour un instant que les qualités militaires fassent défaut à la masse des Juifs, sera-ce une raison pour leur retirer cette qualité de Français, qui a précisément pour effet de leur donner l'instinct militaire qui leur manque, d'après M. du Bouzet ? Non, ce serait au contraire une raison de plus pour la leur conserver.

Lorsque le 28 septembre 1791, à la voix puissante de Mirabeau, l'Assemblée constituante admit définitivement les Juifs à la qualité de Français, ils n'étaient certes pas plus aptes au métier des armes que ne le sont aujourd'hui les Juifs algériens, et pourtant un grand nombre d'entre eux suivit Napoléon sur tous les champs de bataille de l'Europe, et on vit, chose inouïe jusqu'alors, des Juifs arriver aux grades militaires les plus élevés. Depuis, ils occupent dignement leur place dans l'armée française, et nous pourrions citer les noms d'honorables et braves officiers juifs, qui commandent précisément des compagnies de tirailleurs indigènes.

Une autre objection sur laquelle M. du Bouzet revient souvent et qui mériterait plus d'attention si elle était fondée, consiste à dire que le défaut d'instruction chez la plupart des Israélites les rend impropres à l'exercice des droits électoraux. Cette accusation est de nature à frapper l'esprit des membres de l'Assemblée qui auront à statuer sur la confirmation du décret de naturalisation. Il importe de la repousser et de faire connaître par des documents officiels le véritable état de l'instruction chez les Israélites algériens.

Sauf de très-rares exceptions, tous les jeunes Israélites lisent et écrivent l'hébreu. La connnaissance de leur langue d'origine est indispensable pour l'accomplissement de leurs devoirs religieux. Ils ne sont donc pas illettrés comme le prétend leur adversaire M. du Bouzet; car l'étude d'une langue difficile et savante, constitue un travail intellectuel propre à développer les facultés morales. Mais là ne se borne pas l'instruction donnée aux enfants juifs; ils fréquentent des écoles spéciales dans lesquelles on fait marcher concurremment l'instruction hébraïque et l'instruction française. Il existe dans toutes les villes de l'Algérie des écoles primaires de cette espèce, suivies exclusivement par les Juifs.

Le temps ne nous permet pas de nous procurer les travaux statistiques dressés dans la province d'Alger et d'Oran, et relatifs à l'état de l'instruction des Juifs mais nous possédons ceux de la province de Constantine; ils suffiront à prouver combien les populations israélites apprécient les bienfaits de l'instruction.

	GARÇONS.		FILLES.		Temps employé aux études.	OBSERVATIONS.
	Nombre de garçons en état par leur âge de fréquenter les écoles.	Nombre de ceux qui les fréquentent.	Nombre de filles en état par leur âge de fréquenter les écoles.	Nombre de filles qui les fréquentent.		
Bône	140	115	130	90	7 heures.	
Guelma	66	54	58	31	7 id.	
Batna	46	46	39	»	7 id.	
Bougie	40	34	32	26	7 id.	Les garçons apprennent tous les jours, de 4 à 5 heures, la langue hébraïque ; le reste de la journée est employé aux études françaises.
La Calle	9	8	5	5	7 id.	
El-Arrouch	5	5	1	»	6 id.	
Jemmapes	»	»	»	»	» »	
Sétif	»	»	»	»	» »	
Philippeville	»	»	»	»	» »	(1) Il y a à Constantine deux écoles communales pour les garçons et une pour les filles.
Constantine (1)	744	654	500	200	7 id.	

On voit, d'après ces chiffres, que les élèves qui suivent régulièrement les cours forment les neuf-dixièmes des enfants israélites de la province ; que l'on veuille bien comparer ce nombre à celui des enfants européens fréquentant les écoles, et on verra qu'il est bien supérieur.

Cette instruction permet aux Israélites de subvenir à leurs besoins dès qu'ils ont atteint l'âge de 15 à 16 ans ; ils adoptent de préférence les professions sédentaires, le commerce, la cléricature, ou la tenue de livres. Ces diverses professions demandent une instruction et des aptitudes particulières, qu'ils possèdent éminemment. La plupart des commerçants et des hommes d'affaires français confient le soin de leur caisse à des Juifs et il est presque sans exemple qu'ils aient eu à se repentir de leur confiance.

Ce serait pourtant une erreur de croire, avec M. du Bouzet, que le commerce est la seule préoccupation des Juifs. Lorsqu'ils ont vu que la France leur offrait une sérieuse protection, et qu'il n'avaient plus à redouter les spoliations dont ils étaient victimes sous les Turcs, ils se sont empressés de faire des acquisitions territoriales, et de s'adonner à l'agriculture. Il va sans dire que ces nouveaux propriétaires n'ont pas mis eux-mêmes la main à la charrue, mais ils ont pris la direction de leurs fermes et ont eu souvent l'initiative d'heureuses innovations agricoles. Parmi les propriétaires ruraux juifs, nous citerons quelques notables de Constantine, qui, à notre connaissance, font cultiver des superficies assez étendues :

MM. Khalfalla Hassoun ;
Salomon Zerbib ben Simra ;
Benjamin Aouïzerat ;
Kalfa Hassoun ;
Ben Amar et D. Narboni ;
Haï Laloum ;
Aroun Hassoun ;

MM. J. Aboukaya, interprète militaire ;
Ben Nara Zerbib ;
Moïse Cohen Neamia ;
Etc., etc., etc.

Dans la classe pauvre, et surtout dans le sud de notre province, un grand nombre de Juifs cultivent eux-mêmes et vivent du produit de leur travail agricole.

Nous pourrions encore signaler dans diverses parties de notre province, et notamment chez les Hanenchas (Souk-Ahras), l'existence de tribus juives, habitant sous la tente et vivant à la manière arabe. Commandés par des cheiks juifs, soumis hiérarchiquement au caïd, ces Israélites vivent en bonne intelligence avec leurs voisins musulmans, dont ils partagent les travaux et les fatigues.

Dans les villes, beaucoup de Juifs s'adonnent à des occupations manuelles, qui n'ont aucun rapport avec le commerce proprement dit ; voici, du reste, un état des professions exercées à Constantine par des Juifs. La nomenclature en est instructive :

Menuisiers ;
Tailleurs ;
Couturiers à la mécanique ;
Passementiers ;
Brodeurs ;
Cordonniers ;
Chaussetiers ;
Ferblantiers ;
Teinturiers ;
Cardeurs ;
Cardiers (fabricants de cardes pour les cardeurs) ;
Peintres-vitriers ;
Bijoutiers ;
Distillateurs ;
Bouchers ;
Fondeurs en cuivre ;

Relieurs ;

Expéditionnaires aux écritures, clercs d'huissiers, d'avocats, de défenseurs, de notaires, etc., etc.

Le rôle que prennent les Juifs algériens dans notre société est chaque jour plus important. Doit-on s'effrayer de la prépondérance qu'ils pourraient acquérir dans ce pays par l'accumulation des richesses ? Nous ne le pensons pas ; mais s'il en était ainsi, ce serait un acte de suprême habileté que de les rendre Français, puisqu'ils auront désormais les mêmes intérêts que nous et qu'il vaut toujours mieux avoir pour alliés que pour rivaux des hommes puissants par la fortune et les richesses.

Nous avons dit que la race juive était essentiellement assimilable. Nous ajouterons qu'il ne sera pas difficile d'opérer entre elle et la race européenne cette fusion à laquelle les Arabes sont rebelles. Oui, cette idée de la fusion des races, qui semble une utopie généreuse, la race juive nous permettra de la réaliser. Déjà, nous avons vu quelques mariages s'accomplir entre juifs et chrétiennes ; bientôt, si le décret qui francise les Israélites est maintenu, nous verrons ces mariages mixtes devenir plus nombreux ; la barrière religieuse qui nous sépare des Juifs sera franchie, et nous marcherons ensemble vers le même but : la colonisation et le développement de notre nouvelle patrie.

« La politique, dit M. du Bouzet, nous commande de ne pas heurter de front les préjugés des musulmans, de ne pas irriter leurs passions et les blesser dans leur orgueil Elle nous interdit toute mesure qui, à leurs yeux, nous ferait descendre. Or, la naturalisation en masse des israélites indigènes est considérée par les arabes comme une déchéance du nom français et comme une insulte pour les musulmans. »

M. du Bouzet, qui s'intitule ancien préfet d'Oran, ancien commissaire extraordinaire de la République (il le fut pendant si peu de temps que ce n'était vraiment pas la peine d'en parler), M. du Bouzet connaît bien peu les mœurs de ses adminis. és, pour venir nous dire qu'ils considèrent la naturalisation des israélites comme une déchéance du nom français; l'arabe professe pour les chrétiens et pour les juifs une égale haine, un égal mépris; il appelle les uns *Ioudis*, il appelle les autres *Roumis*. et ces deux termes ont un caractère si méprisant qu'ils équivalent entre eux à l'insulte la plus grave. Dans les querelles, si fréquentes entre arabes, les champions, après avoir épuisé le vocabulaire des injures indigènes, et Dieu sait s'il est riche! terminent dédaigneusement la série de leurs immondes grossièretés par ces mots: Juif, fils de Juif, Roumi, fils de Roumi.

La déchéance du nom français, elle aurait lieu si, par des concessions inopportunes, nous paraissions céder à leurs volontés; dans ce cas, ils nous accuseraient de faiblesse. — Si le décret du 24 octobre était aujourd'hui rapporté, les arabes attribueraient cet acte à la crainte qu'ils croient nous inspirer. Leur orgueil s'en accroîtrait d'autant et nous perdrions à leurs yeux ce prestige qui s'attache au nom d'un peuple qui sait faire respecter ses volontés.

Les raisons pour lesquelles les arabes protestent contre la naturalisation des juifs, tout le monde les connaît en Algérie, et M. du Bouzet, qui fut préfet et commissaire extraordinaire dans ce pays, doit les connaître mieux que personne. — Un parti puissant avait le monopole de l'administration algérienne; il exerçait sans contrôle un pouvoir absolu, lorsque le gouvernement de la défense nationale le dépouilla de ce fructueux bénéfice; bien plus! les administrateurs devinrent responsables des désordres qui pourraient survenir dans leurs districts.

Atteints dans leurs intérêts et dans leur amour-propre, les bureaux arabes organisèrent l'insurrection. Des pourparlers mystérieux eurent lieu entre le bach-agha Mokrani et un officier dévoué au pouvoir militaire; l'insurrection se leva péniblement, mais, encouragée par des excitations visibles, elle gagna de proche en proche; nos troupes furent éloignées du foyer de la révolte. Constamment écartés des points menacés, nos soldats ne purent jamais se trouver en face de cet ennemi qui semblait à l'avance prévenu de nos mouvements. Pour soulever les arabes, on se servit des moyens les plus grossiers; on leur dépeignit la France comme anéantie par la guerre et hors d'état d'opposer une résistance sérieuse à l'insurrection. Enfin, on fit appel aux sentiments de fanatisme qui dorment dans le cœur des musulmans, et on leur représenta que la République voulait asservir les musulmans aux juifs.

Et tout cela se fit audacieusement, au grand jour, sous nos yeux, et si le parti militaire n'est pas assez puissant pour empêcher une enquête sur les causes de cette ténébreuse insurrection, la France entière pourra pénétrer le secret qui lui en dissimule l'origine.

Les arabes, qui pendant longtemps avaient été indifférents à la naturalisation des israélites, semblèrent s'émouvoir tout à coup et s'apercevoir de l'injure qui leur était faite.

La lutte électorale du 8 février vint encore envenimer cette question; les partis se disputèrent les voix israélites, et ceux qui ne parvinrent pas à les obtenir se joignirent au pouvoir militaire pour exciter les musulmans contre les juifs; les vaincus de la lutte électorale publièrent des brochures hostiles à la naturalisation, et, comme le Parthe lance son trait, jetèrent en prenant la fuite quelques calomnies au vent.

Du Bouzet, commissaire extraordinaire de la République française, *Risum teneatis*.... Du Bouzet écrivit douze pages sur une question qu'il ne connaît pas.

L'Assemblée nationale, qui jugera bientôt cette importante question, saura-t-elle discerner le mobile qui fait agir les adversaires de la naturalisation? Il faut l'espérer.

Mais si, cédant aux sollicitations que le parti militaire ne manquera pas d'adresser en haut lieu, elle abrogeait le décret du 24 octobre, quelles déplorables conséquences n'entraînerait pas cette mesure! Que deviendraient, par exemple, les droits des filles dans les successions ouvertes depuis le 24 octobre? Le rétablissement de la loi mosaïque aurait-il un effet rétroactif? Les mariages conclus depuis le décret devant l'état-civil seraient-ils annulables par le divorce qui est une des bases de la loi judaïque? Le principe de la polygamie, rétabli après une interruption de neuf mois, permettrait-il à l'époux de prendre une seconde compagne et de donner une rivale à celle qui s'est mariée sur la foi du décret qui interdit la pluralité des femmes?

Quel chaos et quelle extravagance!

Si M. du Bouzet veut nous permettre de lui donner un conseil, nous l'engagerons à revenir à ses faits divers et à ses ciseaux (il n'y a pas de sot métier). Qu'il laisse à des hommes plus compétents le soin de légiférer en paix sur des matières qui sont hors de sa portée.